AF468822

QUELQUES SOUVENIRS

DE

M. DE LAMEZAN

DE SA VIE MILITAIRE ET POLITIQUE.

AUCH,

IMPRIMERIE DE F.-A. COCHARAUX.

M DCCC LXXV.

QUELQUES SOUVENIRS

DE

M. DE LAMEZAN.

NOTA. Grâce aux renseignements fournis par M. le comte de Castelbajac, et ils ne pouvaient pas venir de meilleure source, ces souvenirs, déjà rédigés, ont été rectifiés sur quelques points et complétés sur quelques autres.

QUELQUES SOUVENIRS

DE

M. DE LAMEZAN

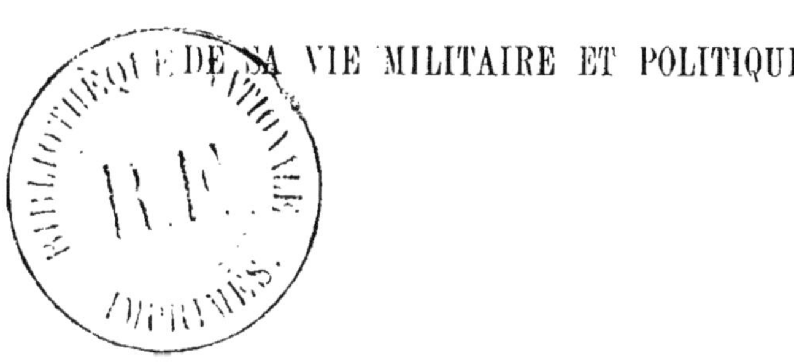

DE SA VIE MILITAIRE ET POLITIQUE.

AUCH,

IMPRIMERIE DE F.-A. COCHARAUX.

M DCCC LXXV.

NÉCROLOGIE.

MORT DE M. LE COMTE DE LAMEZAN.

Je lui dois un dernier adieu par suite de nos vieilles et toujours bonnes relations ; je m'étais tacitement promis, si je lui survivais, quelques mots d'hommage à sa mémoire, et, au premier moment du coup qui nous frappe, je sens mon cœur oppressé et ma douleur muette. Plus tard, — et « plus tard » à mon âge veut dire bientôt, — recueillant mes souvenirs et les épanchements d'une amitié qui était pour moi d'un grand prix, j'essayerai de retracer rapidement quelques lignes de la vie militaire et politique de M. le comte de Lamezan ; mais, pour cela, le moment n'est pas opportun. Pourquoi, en effet, devant le cercueil d'un homme modeste et d'un si bon chrétien, pourquoi parler des honneurs et des distinctions du monde, des avantages périssables de la naissance et de la fortune ? A quoi bon rappeler avec complaisance les belles qualités de son intelligence et les brillants faits d'armes de son courage ? Mieux qu'un autre, M. de Lamezan savait que, sans les œuvres bonnes, gloires, talents, richesses, sont choses vaines et passagères devant Dieu dans l'autre monde, et bien vite oubliées dans celui-ci. Heureusement, chez lui les bonnes œuvres abondent, et sa vie, qui a été dans les dernières années et pendant près d'un demi-siècle un sujet d'édification pour la contrée, sa vie, disons-nous, servira tout entière d'enseignement et d'exemple aux hommes de tout âge.

Le jeune homme de famille apprendra dans cette vie comment on porte un nom honorable, comment même on le grandit par l'éclat des belles actions, comment enfin on relève une ancienne maison en y ajoutant la fortune noblement acquise : fortune dont le premier élément a été le prix de son sang versé sur les champs de bataille ; fortune modeste d'abord, et qui n'a pas été comme, celle de tant d'autre, subitement enflée par les soubresauts des chances aléatoires, mais qui s'est faite peu à peu, couche par couche, au moyen de l'épargne accumulée de chaque jour, et, le moment venu, il l'a généreusement distribuée à une nombreuse parenté, réservant la part du pauvre pour faire du bien autour de lui jusqu'à sa mort.

L'âge mûr, qui est aussi l'âge de l'ambition, lira dans la vie de M. le comte de Lamezan, en caractères ineffaçables, que la simplicité de mœurs, la modération des désirs, les habitudes d'ordre et d'économie peuvent seules conserver l'indépendance de l'homme, la dignité du caractère, les bonnes traditions du foyer domestique et le culte des souvenirs, qui est aussi une vertu.

Le vieillard enfin, le vieillard surtout! qui, malgré les soins empressés de la famille et de l'amitié, sent le vide et la solitude se creuser et s'étendre chaque jour davantage autour de son cœur désabusé, trouvera, à l'exemple de M. de Lamezan, que la présence de Dieu et la prière peuvent seules combler ce vide et peupler cette solitude de sentiments et d'émotions ineffables que le monde ne peut ni donner ni connaître.

Oui, elles sont rares partout, les existences comme celle de M. le comte de Lamezan, dominant sans bruit il est vrai, mais aussi sans conteste, les grandes existences de la contrée, non par le faste opulent d'une maison, non par l'influence que le pouvoir donne et que la foule courtise toujours, quel qu'il soit, mais par une supériorité personnelle qu'une juste déférence faisait volontiers accepter de tous.

Docteur CAMPARDON.

Auch, 13 février 1875.

QUELQUES SOUVENIRS

DE

M. LE COMTE DE LAMEZAN.

I.

Parmi les illustrations militaires du premier Empire, l'histoire s'arrête avec complaisance devant la noble et touchante figure du général Drouot. Mérite éminent, beau caractère, cœur généreux; vie simple, modeste, ennemie du faste et de la prodigalité; principes religieux hautement avoués et respectés de tous; devoirs envers Dieu regardés comme les premiers des devoirs et remplis partout sans ostentation ni respect humain, sous la tente du bivouac comme dans la modeste église du village : tels sont les traits principaux gravés de main de maître par le P. Lacordaire.

Voilà bien aussi, ce nous semble, la physionomie de M. le comte de Lamezan, et la ressemblance sera plus frappante si j'ajoute qu'ils furent admis tous les deux à l'École polytechnique, après avoir fait à la hâte, dans des temps troublés et orageux, au moyen de quelques livres, presque sans professeurs, les études indispensables, et peut-être encore trouvées coûteuses; l'un né de pauvres paysans lorrains; l'autre, fils de bonne famille, pouvant, quoique nombreuse, convenablement tenir son rang, et tout à coup privée de toutes ressources, à cette époque néfaste de la Révolution où le sequestre fut mis sur tous ses biens et le chef de famille sous les verroux de la prison. Mais l'adversité est la trempe des âmes fortes ; aussi ne tardèrent-ils pas à mériter par d'éclatants services, l'un et l'autre, à des titres et à des degrés divers, une place dans l'estime et l'amitié de Celui dont l'épée, dans les premières années de ce siècle, pesa d'un trop grand poids dans la balance des destinées européennes.

Cependant, dans tout parallèle, après les points de similitude, viennent ceux d'opposition et de contraste, et ici le contraste le plus extrême on le voit déjà : tandis que le premier de ces deux hommes d'élite a eu la bonne fortune de rencontrer un écrivain célèbre pour rendre à sa mémoire un hommage digne d'elle, celui que nous venons de perdre est obligé d'accepter, pour remplir très imparfaitement cette tâche, le zèle présomptueux et l'insuffisance d'un ami inconnu.

II.

Avec les formes élégantes et les bonnes manières du gentilhomme, avec le rayonnement gracieux des traits du visage et l'éclair électrique du regard, M. de Lamezan apporta près de l'Empereur l'agrément d'une parole facile, nette et correcte, parole rendue toujours sympathique et souvent séduisante par le timbre harmonieux de la voix. Ces avantages, dont la nature n'est pas prodigue, furent bien accueillis, quoique n'étant pas tout à fait nouveau-venus, dans l'entourage ordinaire du grand capitaine ; et M. de Lamezan les avait conservés, ces avantages à peine amoindris, dans un âge très avancé. Le temps, en s'appesantissant sur son corps, semblait n'effleurer qu'à regret, et d'une aile légère, la souplesse et la vivacité de son esprit.

Sans doute, imitant en ceci le vieux Nestor dont il avait la sagesse et l'expérience, M. de Lamezan aimait à raconter, *parce qu'il avait beaucoup vu ;* sans doute encore dans le salon de Beaulieu l'auditoire, moins remarquable par le nombre que par le choix, ne se renouvelait pas assez souvent pour que chacun fût assuré de trouver le piquant de la nouveauté toujours réuni au mérite de la narration ; mais dans ses entretiens familiers, dans ses causeries intimes, les heures s'écoulaient rapides, et jamais un mot équivoque ou hasardé ne venait troubler la limpidité de ses récits, lesquels faits sans passion conservaient par cela même plus d'intérêt.

III.

Dans les premiers mois de 1813, lorsque, après des triomphes inouïs, la fortune abandonnait nos drapeaux, l'Empereur, qui dans les efforts et les périls toujours croissants de la lutte faisait une grande consommation d'hommes et avait presque toujours la main heureuse pour les remplacer, appela près de sa personne M. le comte de Lamezan en qualité d'officier d'ordonnance ; il voulait faire inspecter les places fortes sur le cours du Rhin. C'étaient alors les places frontières de l'Empire. Il demandait, à court délai, un rapport complet, précis et lumineux sur les moyens de défense : il fallait donc partir sur l'heure. Actif de corps et d'esprit, léger de bagages, M. de Lamezan fut bientôt prêt. Ai-je besoin d'ajouter que cette mission fut remplie à la grande satisfaction du maître, qui était connaisseur et difficile. Elle avait exigé deux mois d'un travail de nuit et de jour, presque sans trève ni repos.

Avant cette époque, il servait en Espagne, dans l'armée du maréchal Suchet, comme aide-de-camp du général Rogniat, et assista aux siéges de Mequinentza, Tortose, Tarragone, Valence et Murviedro. Brave jusqu'à la témérité, comme on l'était alors, comme on le serait toujours en France, il fut gravement blessé au siége de Murviedro : Murviedro est l'ancienne Sagonte, et l'histoire rapporte qu'au siége de cette ville par les Carthaginois, Annibal, dans un assaut, fut atteint d'un dard à la cuisse. Autrement sérieuse et menaçante était la blessure de M. de Lamezan : son bras droit avait été labouré par un éclat d'obus, et les chairs étaient tellement meurtries que M. le baron Boyer, premier chirurgien de l'Empereur, après un long et attentif examen, n'hésita pas à proposer l'amputation ; M. de Lamezan hésita moins encore à la refuser. La chance lui fut favorable et il put ainsi conserver sa main, bien digne encore de porter l'épée.

Le poste nouveau où fut appelé M. de Lamezan, poste de confiance et toujours envié, n'était pas alors une sinécure. Aux preuves déjà faites d'intelligence, de courage et de savoir, M. de Lamezan dut en ajouter bien d'autres, sinon plus grandes, du moins plus aperçues, car ses bons et loyaux services reçurent plus d'un témoignage d'estime et de reconnaissance. A l'âge de vingt-huit ans, il était baron de l'Empire, avec double dotation, capitaine dans l'arme du génie et chevalier de l'ordre de la Légion d'honneur. Son coup d'œil rapide et sûr, son sang-froid et son discernement le firent surtout apprécier. Avait-on besoin d'informations exactes avant de prendre une détermination ? fallait-il reconnaître le vrai au milieu de rapports contradictoires ? M. de Lamezan recevait des ordres, montait à cheval; traversait, la nuit et quelquefois sans guide, les postes ennemis au milieu des plus grands dangers; trouvait souvent, en arrivant à sa destination, le combat engagé ou au moment de l'être ; assistait à ce combat, et de près, afin d'en mieux rapporter les détails ; il usait des chevaux sans en compter le nombre, pour rattraper le temps perdu, ou plutôt si bien employé, et il était assuré de trouver à son retour, même au milieu de graves préoccupations, un accueil gracieux et bienveillant. Les rapports qu'il faisait étaient quelquefois oraux, mais le plus souvent écrits; ceux d'une certaine importance devaient être rédigés et conservés. Heureusement l'intelligence chez M. de Lamezan trouvait, sous la main et à sa disposition, la plume aussi docile que la parole.

IV.

Cependant ébloui, comme tant d'autres, par le prestige de la gloire et l'ascendant du génie, M. de Lamezan était bien moins épris des institutions fondées dans l'enivrement de la toute-puissance. Aussi lorsque, après une résistance héroïque à laquelle il prit sa bonne part, l'Empire, soutenu par une poignée de braves, s'écroulait sous le poids des masses armées de la coalition, il assistait à sa chute non sans une profonde émotion, mais sans désespérer du salut de la France. L'abdication de Fontainebleau, cette scène lugubre pleine de perplexités, de troubles, d'hésitation et de péripéties, rappela tristement à la mémoire de M. de Lamezan ces paroles de Bossuet, éternellement vraies : « *A Dieu seul appartiennent la gloire, la majesté et l'indépendance.* » Depuis cette époque, l'histoire des têtes couronnées et découronnées n'a fait que confirmer, par d'éclatants et terribles exemples, la sentence de l'évêque de Meaux.

Après Fontainebleau, délié à jamais de son serment de fidélité à l'Empire par l'Empereur lui-même (1), M. de Lamezan donna encore une larme à l'homme tombé de si haut, pour lequel il avait toujours conservé, malgré les fautes de son règne, une vive et sympathique admiration. Cependant, en présence des

(1) M. de Lamezan reçut, en effet, de Napoléon Ier, la lettre suivante dont l'original existe encore :

« *Vous soutiendrez la bonne opinion que j'ai conçue de vous,*
« *en servant le nouveau Souverain de la France avec la même*
« *fidélité et le même dévouement que vous m'avez montrés.* »

calamités du moment et des incertitudes de l'avenir, l'ardeur de la lutte une fois apaisée, se rappelant d'ailleurs ses traditions de famille, M. de Lamezan n'hésita plus à s'attacher, sans réserve et sans retour, à la dynastie légitime des Bourbons. Faut-il dire que la criminelle équipée de l'île d'Elbe le trouva sourd à l'appel réitéré d'une voix bien connue ? Non ! je n'en ai pas besoin. Mais je dois ajouter que si l'armée française avait eu, en ce moment, des chefs d'une loyauté virile, égale à celle de M. de Lamezan, cette armée n'aurait pas subi le désastre de Waterloo, et aurait épargné à la France l'humiliation et les charges d'une seconde invasion.

La Restauration s'empressa, du reste, de reconnaître les services que M. de Lamezan avait rendus à l'armée ; car, le 4 février 1815, le Roi Louis XVIII lui conféra le grade de chef de bataillon du génie, pour prendre rang du 15 mars 1814, et le 23 mars de la même année, il fut nommé officier de la Légion d'honneur; le 5 septembre suivant, il reçut la croix de Saint-Louis, et l'année suivante, il fut nommé chef du génie de la Maison du Roi, fonction qu'il conserva lorsque, en 1821, il fut élevé au grade de lieutenant-colonel; le 13 février 1830, il fut nommé commandeur de la Légion d'honneur.

V.

Peu de temps après les Cent-Jours, M. de Lamezan ayant occasion de passer à Nancy pour affaires de service, alla voir son ami le général Drouot, retiré à la campagne et fort malade des suites de ses blessures. Celui-ci, qui n'avait jamais été le courtisan du pouvoir, s'était fait le courtisan du malheur, et demeurait plus attaché à l'Empereur depuis que l'Empire n'existait plus. Il n'avait donc pas voulu prêter serment au gouvernement de Louis XVIII et trouvait étrange, pour ne rien dire de plus, que M. de Lamezan, son compagnon d'armes, eût fait autrement que lui-même. Ce n'est pas ici le lieu de retracer les détails de cette entrevue ; il suffira de dire que le général et l'ancien officier d'ordonnance, deux âmes pieuses, deux cœurs généreux, ne purent s'entendre sur la direction que prend, à un moment donné, parmi les hommes, ce qu'on est convenu d'appeler la ligne de l'honneur et du devoir ; ligne toujours droite, ce semble, et facile à distinguer, mais question délicate et chatouilleuse à l'excès quand on porte l'épée. Il faut le reconnaître : les vicissitudes politiques qui nous frappent à l'improviste sont bien capables de troubler, pour un moment, les intelligences les plus calmes et les plus sereines. Cependant, d'autres l'ont dit avant moi, les nations survivent aux gouvernements qui tombent et aux rois qui vont en exil. Sans doute, un sincère attachement à de grandes infortunes est un noble sentiment ; l'histoire le proclame tel, et nous pouvons d'autant plus l'admirer sans réserve qu'il ne serait pas trop contagieux de nos jours. Mais, ne l'oublions pas ! la France n'appartient qu'à elle-même et sa fortune passe toujours avant celle d'un homme, quelque grand qu'il ait été ; avant celle d'une famille, quelque respectable ou quelque sympathique qu'elle soit.

Mais M. de Lamezan pensait, comme ses coréligionnaires politiques, que la stabilité établie dans la base du pouvoir par l'hérédité met sa durée et sa transmission à l'abri des secousses et des dangers qu'offrent les changements de régimes si fréquents après les Révolutions.

VI.

Dans les dernières années de la Restauration, M. de Lamezan faisait partie, comme député du Gers, de l'Assemblée législative, et, chose rare, il était estimé des hommes de tous les partis. Il est vrai de dire aussi qu'il ne se ressentait pas trop du milieu politique dans lequel il vivait et où sa modération n'était pas toujours imitée. Le parti libéral n'avait pas oublié que, plus jeune, M. de Lamezan avait hautement avoué ses sympathies pour le général Drouot, jugé et acquitté après les Cent-Jours, et on ajoutait qu'il aurait voulu sauver une tête plus illustre, quoique coupable, celle du maréchal Ney, que les balles ennemies avaient respectée sur tous les champs de bataille.

M. de Lamezan, il faut le reconnaître, n'était pas un orateur de tribune ; sa voix, limpide et d'un timbre harmonieux, manquait de volume et de force ; bien ménagée, elle suffisait à de brillants succès dans les salons de Paris, où il était toujours le bienvenu, vers la fin du règne de Louis XVIII, à cette époque de trop courte durée qui semblait être un signe précurseur de la renaissance, dans la société française, des conversations spirituelles et polies d'autrefois.

Mais si la tribune du palais Bourbon n'était pas facilement abordable pour lui, les discussions dans les bureaux de la Chambre convenaient mieux à la mesure de son talent. Ici, en effet, sa parole s'animait parfois ; mais toujours maître de lui-même, il ne s'écartait jamais des convenances dues à des adversaires passionnés, qui ne les observaient pas toujours. Chez lui, la politesse dans la forme et au fond un sentiment naturel de bienveillance ne faisaient jamais défaut : donnant ainsi à tous, même quelquefois à ses amis politiques, une leçon de bon ton et d'armes courtoises, cette leçon dût-elle être perdue. M. de Lamezan eut pourtant en 1830, je dois le constater ici, un véritable succès de tribune, en défendant, surtout avec l'éloquence inspirée du cœur, un ministre tombé, plus malheureux que coupable, un parent, un ami de vieille date, M. de Montbel, attaqué avec violence pas les passions déchaînées du parti triomphant.

VII.

En France, les Révolutions ne sont d'aucun enseignement pour les gouvernants ni pour les gouvernés : les gouvernés ne savent pas assez oublier et les gouvernants ne veulent pas assez apprendre.

Après les journées de Juillet, pendant que Charles X, résigné à la volonté de Dieu, reprenait à pas lents et non sans dignité le chemin de l'exil, le nouveau Roi, improvisé de la veille et nié par le mouvement républicain, flottait dans l'anxiété, sans prévoir qu'une fin pareille, et plus triste encore, l'attendait lui-même à son tour. Dans ce moment, la Chambre des Députés se réunit : une partie considérable des partisans de la légitimité refusa de prêter serment à la nouvelle dynastie. Une autre partie crut que toutes les chances de salut pour une Restauration n'étaient pas perdues et qu'il serait plus politique de rester sur la brèche, au lieu d'abandonner les ressources que l'on pouvait encore trouver. Au milieu de cette divergence de vues, qui partagea la droite de la Chambre, M. de Lamezan adopta ce système, et c'est ce qui le décida à prêter un serment qui lui répugnait et dont il voulut donner l'explication à la tribune, mais que la majorité refusa d'écouter. Le Roi Charles X ne se méprit pas sur les intentions qui l'avaient fait agir et lui fit adresser ses remercîments.

Ce serment, d'ailleurs, pour ne laisser après lui aucune équivoque, fut suivi du corollaire que voici : lorsque l'ordre fut un peu rétabli et l'autorité assez forte pour protéger les intérêts de tous, le député du Gers n'hésita pas à se démettre, quoique encore dans la force de l'âge, des hauts emplois qu'il occupait si dignement sous la Restauration. M. le maréchal Soult eut beau faire des tentatives réitérées et les plus vives instances pour le conserver en le rattachant au Gouvernement nouveau : toutes ses démarches, d'autres même venues directement de plus haut, furent inutiles. M. de Lamezan se devait tout entier à la France ; il ne devait rien à la maison d'Orléans. Il n'avait pas été élevé à l'école des habiles en politique, si nombreux de nos jours, qui font du dévoûment une question de profits ou de pertes. Loin de là : il avait conservé cette nuance délicate du sens moral qui commande, surtout dans les vicissitudes politiques, le respect de soi et de ses antécédents. Aujourd'hui, ces vieilles traditions de l'honneur sont regardées comme des préjugés.

M. de Lamezan était trop poli et trop bien élevé pour faire valoir ces raisons devant M. le duc de Dalmatie : il se contenta d'alléguer son goût pour la retraite et le besoin de repos après les agitations.

VIII.

Un dernier trait pour achever cette esquisse. Du sein de sa retraite de Beaulieu, embellie avec goût, ce sage, ami de son pays, suivait d'un regard attentif les événements politiques qui pouvaient le relever dans l'estime des peuples ou le faire déchoir de son rôle de grande nation. Il avait toujours aimé la France ; il l'aurait voulue libre au dedans, grande et respectée au dehors ; mais il l'aimait encore dans l'abaissement, mal gouvernée, ou entraînée dans des aventures que la raison la plus vulgaire ne pouvait approuver.

Ses amitiés, bien choisies, avaient heureusement survécu aux vicissitudes politiques, et parmi ses amis d'autrefois, ceux que la mort avait épargnés lui sont demeurés fidèles jusqu'à la dernière heure.

Il n'était pas d'ailleurs trop surpris des pentes rapides qui entraînent les hommes dans des changements subits : il connaissait la fragilité de la nature humaine, et il faisait volontiers, chez les autres, une large part aux exigences de famille et aux nécessités de la vie telle qu'elle est aujourd'hui. En présence des défaillances si nombreuses de nos jours, il éprouvait sans doute un sentiment de tristesse, mais jamais d'indignation, et demeurait bon, indulgent et ingénieux à trouver des excuses et à découvrir chez les défaillants un côté par lequel il pouvait encore en dire du bien. Tâchons à notre tour de n'en pas dire de mal, s'il est possible, en faisant néanmoins remarquer, à la louange de M. de Lamezan, que ce qu'il excusait si généreusement chez les autres il ne croyait pas pouvoir se le permettre. Son nom honorable, entouré de beaux souvenirs, était recherché par tous les régimes, comme une enseigne ou comme une égide, et il a su plus d'une fois, sous le dernier Empire notamment, et sans qu'il en coûtât le moindre regret à son ambition, éconduire avec politesse des offres qui en séduisaient tant d'autres, et que tous n'avaient même pas attendues. Au milieu des Révolutions si fréquentes de nos jours, il ne demandait pas aux pouvoirs nouveaux d'où ils viennent, — c'est quelquefois le secret de Dieu! — mais il voulait savoir où ils vont, connaître leur tendance; discerner autant que possible, à travers les nuages dont ils s'enveloppent, le but secret que ces gouvernements poursuivent, avant de leur accorder sa confiance, son adhésion et son appui. Jusque-là

M. de Lamezan se réservait......... Je me demande, avec un sentiment de tristesse pour mon pays, si depuis 1830 il n'était pas toujours, plus ou moins, demeuré dans cette réserve, digne du sage et du philosophe chrétien, jusqu'au moment où la mort est venue le visiter sans le surprendre.

FIN.

AUCH. — IMPRIMERIE DE F.-A. COCHARAUX.
Imprimeur de l'Archevêché.

www.ingramcontent.com/pod-product-compliance
Ingram Content Group UK Ltd.
Pitfield, Milton Keynes, MK11 3LW, UK
UKHW020216200726
13856UKWH00004B/1429